허난설헌에 기대어

김희동 시조집

목언예한

허난설헌에 기대어

지은이 · 김희동
펴낸이 · 민병도
펴낸곳 · 목언예원

초판 인쇄 : 2025년 8월 25일
초판 발행 : 2025년 8월 30일

목언예원
출판등록 : 2003년 2월 28일 제8호
경북 청도군 금천면 선바위길 53 (신지2리 390-2)
전화 : 054-371-3544 (팩스겸용)
E-mail : mbdo@daum.net

ISBN 979-11-93276-30-3 03810

저자와의 협의에 의해 인지를 생략합니다.

값 12,000원

허난설헌에 기대어

김희동 시조집

목언예학

■ 시인의 말

세상의 끝
눈물을 그러모아
나를 심었다

비와 바람과
햇볕과 달빛과
그리고 아득함이

어느 날
작은 싹 하나가
세상에 태어났다

내가 꽃인 줄 몰랐던
날들이
뿌리가 되어주었다

2025년 8월

김희동

CONTENTS

허난설헌에 기대어

PART 00 | 시인의 말 • 5

PART 01 | 집으로 가는 길 • 11

   001 집으로 가는 길 • 13

   002 북극성 • 14

   003 물물교환 • 15

   004 백우도白牛圖 • 16

   005 곡우穀雨 • 17

   006 이명 • 18

   007 건망증 • 19

   008 골목길 • 20

   009 낮달맞이꽃 • 21

   010 나비잠 • 22

   011 풀에 베이다 • 23

   012 시월 어느 날 • 24

   013 오래된 집 • 25

   014 작약 • 26

   015 강아지풀 • 27

— 김희동 시조집

PART 02 | 어떤 발굴 • 29

001 찔레의 노래 • 31

002 쉿, 비밀 • 32

003 길 카페 • 33

004 불황속에서 • 34

005 바다 유리 • 35

006 방범등 • 36

007 씽크홀 • 37

008 어떤 발굴 • 38

009 멜로디 박스 • 39

010 사발이 • 40

011 오월 비 • 41

012 담쟁이 • 42

013 퇴근길 • 43

014 정년停年 • 44

015 감응신호 • 45

PART 03 | **동백아래서** • 47

001 보문사지 연화문 당간지주 • 49

002 동백아래서 • 50

003 탄지彈指 • 51

004 자화상, 고흐 • 52

005 어떤 풍장 • 53

006 낙조 • 54

007 허난설헌에 기대어 • 55

008 청동숟가락 • 56

009 기마인물형 토기 • 57

010 비문非文 • 58

011 춘분 루어 • 59

012 파치 • 60

013 포스트잇 • 61

014 학도병 • 62

015 물의 서사敍事 • 63

PART 04 | **맨발로 서다** • 65

   001 버티기 • 67

   002 풍경소리, 노을 • 68

   003 합죽선 • 69

   004 오체투지 • 70

   005 은행나무, 가을 • 71

   006 낙관하다 • 72

   007 멍때리기 • 73

   008 하현 • 74

   009 타이밍(timing) • 75

   010 호박이 익어가는 동안 • 76

   011 맨발로 서다 • 77

   012 이가리닻의 해오름 • 78

   013 모지랑붓 • 79

   014 끝물 • 80

   015 하오 아홉시 • 81

PART 05 | **그대, 콘트라베이스** • 83

   001   미안합니다 • 85

   002   볕뉘 • 86

   003   흐노니 • 87

   004   첫, 이라는 접두어 • 88

   005   봄을 세우다 • 89

   006   고요꽃 • 90

   007   능소화 • 91

   008   도라지꽃 • 92

   009   그대, 콘트라베이스 • 93

   010   달쇠 • 94

   011   운문사 백일홍 • 95

   012   짝사랑 • 96

   013   추분 즈음 • 97

   014   송년送年 • 98

   015   유성 • 99

PART 06 | **작품 해설** • 101

집으로 가는 길

집으로 가는 길

직립의 시간들이 그림자 길게 끌며
골목 끝 비스듬히 기우는 풍경화 속
어스름 저 발묵潑墨의 강도 저녁으로 건너간다

고단한 하루 일과 주머니 속에 넣고
저마다 따듯하게 귀가를 서두른다
총총총 징검다리로 반짝이는 가로등

누구든 제 몸속에 간직한 한 채의 집
연어가 회귀하듯 그곳에 돌아간다
줄 장미 붉은 꽃향기 지친 어깨 토닥이는

북극성

밤하늘 표표하게 이정표로 박힌 중심

가끔씩 길을 잃고 세상을 헤메일 때

함부로 기울지마라 잡아주던 아버시

물물교환

어머니 머리위에 흔들리는 저 작약꽃

팔다 남은 쑥떡주고 되 바꾼 봄의 연서

당신도 여자였던가 어느 날의 저녁답

백우도 白牛圖

외로움 밀쳐두고 마루 끝 나앉았다
허기진 붓끝으로 우뚝 세운 소 한 마리
언 땅을 박차고 일어나 짙어지는 백두대간

아이들 뛰어놀던 고샅길 저 너머로
까르르 웃음소리 환청으로 들려온다
적막한 초가집 마당 달무리만 지키는 밤

붓을 놓은 손마디엔 그리움 박혀들어
서귀포 깊은 밤엔 배 한척 오지 않고
사내의 충혈 된 눈이 흰 파도를 부순다

곡우穀雨

연 사흘 비는 내려 산과 들 몰랑하다

젖은 가슴 고랑을 내고 꽃들은 눈을 뜬다

완경인 나도 덩달아 시詩나 한 톨 묻는다

이명

어느 날 새 한 무리 귓속에 둥지 틀어

날마다 휘파람에 날개 짓 분주하다

아무리 귀를 후벼도 퇴거명령 불복이다

건망증

가방 속엔 리모컨, 냉장고엔 자동차 키

남편은 치매라 하고 나는 아니라한다

오늘도 한손에 들고 한참 찾는 휴대폰

골목길

오래된 골목길은 한 그루 고목이다
한적한 가지마다 집들을 매어단 채
등 굽은 비탈길 위로 쓸쓸하게 저문다

바람이 불때마다 덜컹대는 처마 끝
빼꼼히 열린 대문 기척을 살피는데
마당을 달려 나오는 밭은기침 낯익다

아무도 찾지 않는 독거의 늙은 나무
옹이진 조가지에 가만히 앉노라면
시간의 나이테 너머 새 한 마리 날아간다

낮달맞이꽃

딸아이 산바라지 간 내당댁 대문간에

연분홍 저고리들 수다가 한창이다

궁금한 낮달이 슬쩍 빈 대문을 여는 하오

나비잠

잠투세 몇 번하다 까무룩 잦아든다

가볍게 올린 두 팔 두 다리는 꽁지 되어

꿈길을 날아가는가 장다리밭, 노랗다

풀에 베이다

부모님 무덤위로 잡초가 수북하다

손으로 뜯어내자 아릿한 풀 비린내

두 손에 가득 묻어난 어린 날의 비망록

시월 어느 날*

아가야 가을하늘 저리도 푸르른데

신발을 잃어버려 돌아오지 못한 거니

괜찮으니 어서 돌아와 엄마 등에 업히렴

*이태원 참사

오래된 집

철거될 오래된 집 대문을 밀어본다
시간이 저 혼자서 시나브로 늙어가는
자목련 가지에 걸린 허공조차 적막하다

뒤틀린 문틀 위로 햇살은 심심하고
댓돌에 푸른 이낀 부재의 오랜 무늬
마루는 늙은 어미의 손등처럼 갈라졌다

곁방에서 들려오는 낯익은 기침소리
뒤란을 돌아가는 시간의 먼 인기척
빈 집에 망연히 앉아 그려보는 그날들

작약

올해도 앞마당에 작약은 곱게 피어

감췄던 붉은 향기 벌 나비 모으는데

그 징작 꽃 심은 어머니는 그림자도 가멸하다

강아지풀

도로가 틈사이로 한 무리 강아지떼

허기를 털어내며 부르르 몸을 떤다

컹컹컹 장마 지났다 땡볕 조심 하라고

어떤 발굴

찔레의 노래
—동학농민혁명

쇠약한 어깨지만 숨겨둔 가시 있다
반도의 골짝마다 왜 바람 들이쳐도
비틀어 꽉 거머쥔 손 빈 들 안고 일어난다

파리한 줄기마다 순한 꽃 피워 물고
숨죽여 울지 마라 함부로 떨지마라
이번 생 아쉬울 것 없는 너의 숨결 뜨겁다

햇불을 높이 들고 온밤을 환히 밝혀
쉽사리 꺾지 못할 무명적삼 기워 입고
풀물 든 동쪽하늘에 새벽별로 떠올라라

쉿, 비밀

어둠의 내력들이 숨긴다고 숨겨질까

똬리 틀고 딴전 피운 말랑한 거짓말들

번번이 오래지 않아 천지사방 들통 난다

길 카페

새벽이 어슴푸레 하루를 시작하면
희미한 외등 아래 모여든 인력꾼들
간밤의 고단함 물고 호명을 기다린다

리어카 매대 위론 흰 김이 피어오르고
하나 둘 줄을 서는 사람들 사이 너머
새 천년 인력사무소 간판이 따듯하다

오늘도 견뎌야 할 힘겨운 삶이지만
포기만 않는다면 내일은 또 온다며
뜨거운 길 한 잔씩 들고 승합차에 오른다

불황속에서

빈 상점 통유리에 붙여 둔 '임대문의'

전단지, 고지서만 분주히 찾아온다

나날이 삭아가는 일터 희망마저 사치다

바다 유리

모서리 가진 것은 어디서나 날카롭다
영덕군 블루로드 바닷물 들며 날며
파도에 깎이고 깎여 누그러진 유리알

지난날 찬란했던, 혈기 찬 젊은 시절
사내가 먼 곳으로 소주병을 던졌다
수평선 울컥, 붉도록 바다는 아직 취중

물결에 휩쓸리고 바위에 부딪히며
때로는 엎드려서 삼키던 눈물들을
제 안에 품어 온 시간, 수정처럼 환하다

방범등

일렬종대 가로등이 골목길 순찰한다

어둔 곳 비추면서 가끔은 경고까지

오늘도 '안심 귀가길' 순간 사뭇 느껍다

씽크홀

자동차 뒷바퀴가 땅속으로 푹 빠졌다

현장은 도로통제, 범인은 오리무중

오늘도 몸살을 앓는 지구촌의 제보들

어떤 발굴

인력시장 줄지어 선 외국인 노동자들
박물관 전시된 터번 쓴 토우* 같다
아침이 방금 출토한 잠 덜 깬 풍경 한 점

페르시아만을 넘어 뜨건 사막 건너와서
그 옛날 어느 도공 따뜻한 손에 들었을까
신라의 품속에 안긴 서역인 흙 인형 같은

두 손을 다소곳이 가슴에 얹어놓고
천년을 톺아보듯 그때를 떠올리면
돌아선 무거운 걸음, 뒷모습이 저리다

*경주 월성해자에서 출토된 6세기 토우

멜로디 박스

태엽을 힘껏 감자 멜로디 풀려난다
원판 위 발레리나 둥글게 춤을 추고
좁은 방 모차르트의 수많은 별, 흐른다

다람쥐 쳇바퀴로 반복되는 일상 속에
주저앉고 싶을 때는 슬며시 눈 감는다
견뎌라 내 안의 소리 귀 기울여 들으며

사발이*

어깨를 엇물린 채 서로를 지탱한다

비린내 소금기로 펄떡이는 파도 앞에

범궐을 차단하려는 시린 등이 굳건하다

*테트라포드

오월 비
―광주 5.18 민주묘지에서

비 내리는 묘지위로 검은 우산 피었다

그날의 기억들은 땅속에서 눈을 뜨고

마지막 숨소리처럼 떨고 있는 풀잎들

어머니 부름같이 저녁을 다 적신다

다시는 누군가의 아픔이 되지 않길

끝끝내 대답이 없는 이름들을 품는다

담쟁이

단단한 벽이기 전 아득한 사막이었다
중력을 거스르는 가파른 길목마다
쥐라기 암모나이트 화석들을 읽는다

손과 발 빙그르르 허공을 감아올려
한 걸음 또 한 걸음 가쁜 숨 몰아쉰다
수직의 수틀 가득히 차오르는 초록 꿈

이제 막 옹알이를 시작한 잎 새 아래
은밀히 옮겨가는 그리마 같은 꿈들
커다란 천막 하나로 비밀이듯 숨긴다

퇴근길

가로등 새벽빛이 기진맥진 따라온다

오늘도 야근에 못다 한 업무처리

그래도 잘 견뎠다며 야윈 어깨 두드린다

정년停年

폐가의 마당처럼 마음은 스산하고
반듯한 어깨조차 자꾸만 기울어져
이대로 끝인가 싶어 두려움만 가득하다

하지만 내 안에서 꿈틀대는 설렘 있어
신발 끈 고쳐 묶고 기지개 길게 편다
다시금 뛰어보자며 새로 쓰는 정년퇴직

감응신호

바쁜 길 걸어가다 멈춰선 횡단보도
스위치 눌러두고 파란불 기다린다
무심히 지나는 차며 흰 구름도 바라보며

때때로 사는 동안 적색등에 발 묶일 때
어디쯤 감응신호 나타나 주었으면 …
발 동동 구르지 않아 얼마나 좋았을까

모른다, 살아오며 그런 날 있었을지
힘들고 어려울 때 편들어 준 파란 불들
그것들 여럿 덕분에 내가 여기 있는지도

동백아래서

03

보문사지 연화문 당간지주

팽팽히 당겨놓은 시간의 기둥이다
깃발을 높이 들어도 번뇌는 여여하여
바람에 가만히 기댄 묵언수행 깊고 깊다

선문답 주고받듯 꼿꼿이 마주 선 채
피고 진 연화무늬 품 너른 가슴 기대
보문사 옛 풍경소리 탁발하여 듣는다

동백아래서

그녀의 독서법은 특별한 데가 있다

문장과 행간들을 뜨겁게 완독한 후

비로소 한 권의 책을 땅바닥에 던진다

탄지彈指*

쪼그려 앉은 강가, 건너 편 바라본다
수면을 스쳐가는 바람의 옷자락들
물수리 날개 끝에서 튕겨지는 하얀 적요

투명한 물소리에 구름이 내려오고
은어들 움찔하며 햇빛을 치받을 때
하현이 한껏 몸 낮춰 징검다리 건넌다

아득히 지난 시간 돌이켜 생각하면
그물에 바람처럼 스쳐가 버린 것들
왜 그리 애면글면하며 붙잡으려 했을까

*손가락을 튕길 동안의 아주 짧은 시간

자화상, 고흐

사내의 눈동자가 먼 곳을 응시한다

격렬한 마음 같은 난분분 담배 연기

붕대를 칭칭 감아 맨 주검 같은 외로움

*반 고흐의 '귀에 붕대를 감은 자화상'(1889년 작)

어떤 풍장

가자미 열을 지어 난전에 널려 있다
허공에 몸 맡기고 꾸덕꾸덕 말라가는
저 오랜 순장의 관습, 죽음조차 눈부시다

아슴한 기억들을 가슴에 묻어두고
오늘은 죽도시장 어물전에 나앉아서
오가는 인파들 앞에 눈인사를 건넨다

낙조

지금 막 몸이 붉은 물고기 한마리가

물결을 헤치면서 심해로 뛰어든다

일시에 서해바다가 열꽃으로 꿈틀댄다

허난설헌에 기대어

백일홍 가지마다 초서로 앉힌 서사
행간에 숨겨놓은 위태로운 꽃의 안부
화르르 불에 덴 듯이 붉었다가 툭 진다

남매의 이야기는 솔숲에 깃들었나
환하게 열린 햇살 슬픔조차 다정하다
바람이 꾹꾹 눌러쓴 정한 맺힌 필담들

꽃 같은 스물일곱 슬픔의 속앓이를
이제사 피우는지 겹겹이 붉은 꽃잎
누이여, 이번 생애는 또 아프지 말기를

청동숟가락

박물관 유리관 속 녹슨 채 누워있는

구릿빛 숟가락에 허기가 수북하다

천년의 시간을 건너 요람 속에 묻힌 신라

기마인물형 토기*

고삐를 잡은 무사 눈빛이 결연하다

바람을 등에 업고 천년을 달려와서

셔블의 글 읽는 소리 심지 돋워 밝힌다

*제례에 쓰였던 등잔으로 추정

비문非文

비행기가 하늘가운데 밑줄을 주욱 그었다

잊지 말고 기억해 둘 그리움 때문일까

망연히 올려다보면 희미한 낮달 하나

춘분 루어

산 너머 남촌서 온 삼월의 햇귀들이
개나리 진달래며 청매화 목련까지
겨울잠 붙잡고 있는 몽우리를 깨운다

아직은 아니라고 손사래 치는데도
뜨거운 입김 불며 귓속말 건네면서
한 번 더 믿어보라고 자꾸만 꼬드긴다

들을까 듣지 말까 반신반의 하면서도
가지 끝 허공으로 기지개 활짝 편다
슬며시 내밀어보는 새싹들의 여린 발목

파치

복사꽃 환한 날의 언약 따라 붉어진 몸
속살하마 벌레에게 공양하듯 내어주고
얼굴은 터지고 금 가 핏기조차 가셨다

오일장 난전에서 이리저리 구르지만
손님들 눈길 손길 외면에도 야무진 꿈
그 속엔 지난여름이 여물어서 달디 달다

포스트잇

순간의 생각들을 놓치지 않으려고

파티션 빼곡하게 부쳐놓은 사각 쪽지

그 마치 유적지처럼 시간 비늘, 즐비하다

학도병

유월의 마당가에 떨어진 감또개를

손바닥 위에 놓고 지그시 바라본다

그날에 꽃답게 졌을 서럽도록 떫은 영혼

물의 서사敍事

월정교 난간에서 물아래 내려 본다

일부러 헛발 디뎌 남천에 빠졌다는

한 스님 나라를 바꾼 서사시가 웅숭깊다

맨발로 서다

버티기

두 개의 뿔과 뿔이 맞물린 황소의 등
충혈 된 눈동자에 근육이 불거진다
적막한 균형을 흔드는 저 단단한 숨소리

산처럼 부푼 어깨 모래가 튕겨지고
일순간 관중들의 숨 멎는 돔 경기장
한발도 물러설 수 없는 뼈의 각오 결연하다

풍경소리, 노을

두 눈을 부릅뜨고 허공을 헤엄치며

물고기 한 마리가 깨우는 나의 헛꿈

먼 산도 한 생각 깨쳐 저렇게 붉어진다

합죽선

잘 쪼갠 갈빗살에 창호지 덧입히면

새소리 물소리는 시나브로 들려온다

허공을 젓는 둥근 손에 익어가는 여름 날

오체투지

무심코 툭 뱉었던 수박씨 잎을 틔워

넝쿨을 휙 뻗어서 화단을 기어간다

계절은 다 지났는데 어쩌자고 꽃피우나

은행나무, 가을

푸른 생각 바꿔 입은 황금 옷도 잠시 한 때

일말의 망설임 없이 지상에 떨궈낸 후

밤마다 별을 불러와 빈 가지에 매단다

낙관하다

물 위에 떨어지는 낙엽의 붉은 낙관

저마다 혼신으로 푸르게 살아냈던

시간의 화선지 위에 마침표를 새긴다

멍때리기

불-멍
속도를 가진 것은 불가불 위험하다
마음속 깊은 곳에 장작불 들여놓고
저만치 물러나 앉아 나를 찾는 한순간

물-멍
강물에 산 그림자 슬며시 젖어들면
자갈돌 품어 안은 물소리 고요하다
마침내 통점의 시간 물끄러미 빠져 드는

비-멍
굳게 닫힌 창문으로 들어앉은 회색 하늘
그립다 말 못하고 장대비 몰고 온다
온 종일 성난 말처럼 뛰어가던 첫사랑

돌-멍
남산 감실 할매부처 누천년 삭혀 온 말
갸웃이 숙인 미소 눈부처로 필사하여
한 몸에 받아 읽으며 옴쭉달싹 않는다

하현

오목한 밥그릇이 대숲에 걸려있다

누가 또 시린 밤을 허기로 건너는가

고봉밥 내주려는지 냇물소리 찰지다

타이밍(timing)

출근길 교차로 앞 신호를 기다리다
봄 정취 물씬 나는 창밖을 바라본다
핸들에 잠깐 턱 괴고 넋을 홀린 사람처럼

빌딩숲 가로질러 새들이 날아간다
대열을 따라가던 눈길이 멈춘 순간
철퍼덕 원격 조정된 왜가리 흰 똥 테러

하 많은 자릴 두고 하필이면 내 차일까
다가올 큰 행운의 귀띔인지 뉘라 알리
퇴근길 복권이라도 한 장 살까 궁시렁

호박이 익어가는 동안

저 둥근 마침표가 가을이 될 때까지

게을러 단 한 줄의 문장도 못 만들고

바람에 서걱거리는 흰 달빛만 줍는다

맨발로 서다

황톳길 맨발 걷다 나무 등에 기대선다
마음 속 줄기마다 푸른 잎 돋아나고
땅속에 뿌리를 뻗어 발바닥이 근질하다

어쩌면 오래전에 한그루 나무였나
햇살이 울울창창, 후투티 둥지 트는
우람한 고목들처럼 나도 숲에 들고 싶다

이가리닻의 해오름

긴 밤이 빚었다가 꺼내 논 빛 숭어리

이가리닻 전망대로 독도의 안부 환하다

포구에 닻을 내리는 동해바다 붉은 꿈

모지랑붓

노 작가 방 한 켠에 걸려있는 늙은 느낌표

먹빛에 잠긴 나날 붙박이 되었지만

가끔은 달빛을 적셔 툭툭 찍어 꽃 꿈꾼다

끝물

찬바람 가지 끝에 남겨진 사과 몇 알
긴 장마 태풍조차 모질게 견뎌내고
계절의 끝자락에서 보란 듯이 매달렸다

저마다 처음 향해 무리지어 달려갈 때
한 발짝 늦추어서 내 그림자 돌아본다
옹골찬 저 대기만성, 눈이 부신 첫 마음

하오 아홉시

형광등 불빛아래 촘촘히 붙은 책상
상사의 다그침에 후배의 볼멘소리
차갑게 식어가는 커피, 키보드만 뜨겁다

릴레이 회의시간 침묵은 날카롭고
자존심 멍들어도 뿔 낮춰 들숨 삼킨다
빛바랜 정장 안주머니, 사직서만 만지작

그대, 콘트라베이스

미안합니다

당신의 시 한편을 조용히 읊습니다
나하나 꽃피어 풀밭이 달라지겠느냐고
오래 전 기억을 꺼내 낭송을 해봅니다

갑자기 머릿속이 하얗게 비워지고
시인의 이름 석자 끝끝내 떠오르지 않아
황망한 마음 한 자락 내려놓고 맙니다

볕뉘*

삼월에 눈이 내려 마당이 은빛이다

겹겹이 감춘 속살 알뜰히 꽃 눈 틔워

뒷짐 진 겨울 밀치고 홍매화가 터진다

*작은 틈을 통하여 잠깐 비치는 햇볕

흐노니*

사월에 눈이 내려 꽃 위에 또 꽃이다

단단히 자리한 봄 저만치 밀어내고

열꽃 핀 산도화 위로 기침소리 들린다

*누군가를 몹시 그리워하다

첫, 이라는 접두어

앞뒤 다 잘라 먹고 먼저 말 걸어온 너
그리움 활활 지펴 모닥불이 되었다가
새벽녘 이슬방울에 생채기를 남긴다

언제나 앞자리에 널 두고 싶었던 나
오롯이 혼자만의 이름표 달아둔다
시간의 덫에 걸려서 오도 가도 못하는

봄을 세우다

홍매화 가지위에 고요히 받든 봄날

찬 기운 솎아내고 꽃눈도 가다듬어

알뜰히 습자지 같은 햇살에도 꽃이 핀다

고요꽃

라일락 진자리에 고요가 피어있다

꽃대 위 몽우리 진 보랏빛 둥근 체취

터엉 빈 적멸 한 송이 지난봄의 먼 부재

능소화

담장에 슬쩍 기댄 주홍빛 초여름이

어디서 불콰하게 낮술 한잔 걸쳤는지

그 옛날 내 앞에 서서 고백하던 머슴애처럼

도라지꽃

무심코 걷어 올린 허벅지 푸른 흔적

부딪힌 기억 없이 피다만 한 송이 꽃

꽉 다문 입술사이로 먼 바다가 열린다

그대, 콘트라베이스

어깨에 슬쩍 기대, 떨리며 오는 너를
맥박을 짚어가듯 담담히 활을 켠다
묵직한 울림 안에서 깊어지는 박동 수

세상에 가장 낮은 소리를 가졌지만
넘치는 음의 물결 한 몸에 껴안으며
오늘은 네가 날 켜는 절정의 밤 따듯하다

달쇠*

처마 끝 아스라이 매달린 갈고랑쇠
낮에는 해를 달고 밤에는 달을 걸어
깊숙한 규방 저 안쪽 하늘 한 줌 들인다

사랑아, 너도 나를 아슬하니 달아다오
바람에 흔들리고 빗소리에 젖더라도
그대 곁 생채기 같은 사랑으로 머물리라

*한옥의 문짝 따위를 달아매는 갈고랑쇠

운문사 백일홍

숨죽여 절인사랑 불을 안고 살아간다

운문사 밟아들며 떨궜던 눈물알들

지는 해 법고소리는 하늘 한 장 부순다

짝사랑

가만히 손 내밀면 돌아서 외면한다

저 만큼 거리에서 얄밉게 바라보는

갸르릉 울음소리에 애가 타는 내 마음

추분 즈음

미나리 무 배 양파 어우러진 전어무침

고추장이 친절처럼 속살에 베어들어

젓가락 뒤적일 때마다 먼 바다가 펄떡인다

송년送年

보낼 것 다 보내고 남은 것 무엇인가

살아온 지난 내력 보듬어 토닥이면

저무는 서쪽 하늘에 놓친 깃들 선하다

유성
―이임수 교수를 기리며

온방골 죽림식당, 희미한 전등불 밑

향가와 고려가요 숟가락 소리장단

별 하나 문득 떨어져 막사발에 안긴다

작품 해설

정격시조의 깊음,
혹은 시대 미의식 톺아 읽기
―김희동 시조집 『허난설헌에 기대어』에 부쳐

민 병 도 | 시조인, 들풀시조문학관 관장

1

 '왜 시를 쓰는가'라는 보편적 질문과 비교해 '왜 시조를 쓰는가'라는 질문 속에는 물음이 지닌 등가성 이상의 불편한 진실이 가려져 있는 경우를 보게 된다. 그것은 '자아의 확장'이라던가 '시대 의식에의 진단' 등과 같이 시에서 얻을 수 있는 대답에 더하여 시대 미의식의 표현 수단으로서의 장르적 유효성에 관한 부정적 견해가 내포되었을 개연성이 크다. 그 같은 질문의 이면에는 왜 새롭고 자유로우며 동호인이 절대적으로 많은 시를 두고 오래되어 낡고 형식의 제약이 많아 시대와의 소통이 어려운 유물에 묶여있느냐는 불만이 섞여 있기 때문이다. 그러나 이 장면에서 조금만 더 생각을 톺아보면 그 같은 생각이야말로 얼마나 어처구니없는 편견인가를 알 수 있다. 오래되어 낡았기로 치면 3천 년이 넘는 역사를 지닌 서구의 자유시와 비교가 되지 않기 때문이다. 형식 실서가 갖는 어려움이 문제라면 조선조에서 보여준 시조의 높은 성취도와 그 다양한 서민적 변용을 어떻게 설명할 것인가.

혹자는 시조가 왕조시대의 정형화된 가치를 지향해왔기 때문에 오늘의 자유분방한 개별적 가치를 극대화하는 데 적합하지 않다고도 주장한다. 그러기에 시조의 선택은 국수주의적 연민이거나 맹목의 당위론 자들에 의한 헤픈 선택이라는 것이다. 이는 마치 맛있는 빵과 고기가 넘쳐나게 많은데 수천 년 먹어 온 쌀밥과 된장을 아직 먹고 사느냐고 조롱하는 형국에 불과하다. 어쩌면 이것은 선동적 깃발 아래 휘두르는 집단폭력과 다르지 않다. 적어도 자유시 유입 이후의 현대시조가 겪어온 환경은 상상 이상으로 열악하기 그지없다.

이러한 편견과 오해의 절망적 토양 위에서도 시조는, 시조를 선택한 사람들은 우리말과 한글이 지닌 우월성과 눈부신 감성을 시대의 미의식과 하나로 융합시켜 민족시의 신기원을 구축해 왔다. 그 행위 자체만으로도 우월한 비교 선에 불과하다.

　김희동 시인 또한 누구보다 시류에 민감한 언론계에 종사하고 있으면서도 편리한 길을 두고 험난한 길을 선택하였다는 점에서 우선 그의 뚜렷한 주관을 읽을 수 있다. 하지만 이를 시조가 지닌 아무런 매력도 없이 당위성이나 주관만으로 판단하기에는 충분하지가 않다. 그렇다면 무슨 이끌림으로 그는 시조를 선택하였을까.

　김희동은 2007년 『월간문학』 시조 부문에서 「엉겅퀴 편지」가 신인상에 당선되면서 문단에 나왔다. 2014년 동화집 『돌아온 동경이』 공동 저자로 참여하였고 2017년 경주문학상을 받으며 간단치 않은 문학 수업을 쌓아왔다. 역내 신문사 기자 생활을 하면서도 학업과 시조에 대한 열정을 놓지 않았고 마침내 2019년 처녀시조집 『빗살무늬에 관한 기억』을 출간하기에 이른다. 이 일련의 과정만 봐도 침묵으로 읽힐 정도로 조용하고 주도면밀한 자기 문학에의 접근 자세가 아니랴 여겨진다.

2

이제 여기서 김희동의 작품으로 들어가 그가 느꼈던 시조의 매력과 그 매력에 편승한 삶의 탐구와 직관을 따라가 보자. 우선 등단 12년 만에 발간한 첫 시조집 『빗살무늬에 관한 기억』에서 무엇이 얼마나 달라졌겠냐는 호기심부터 접근해 보았다. 6년이라는 시간의 노력으로 그의 시조가 다른 모습을 보일 수는 없겠지만 첫 시조집이 보인 잘 쓰고자 하는 오랜 노고에서 '좋은 시조'에 대한 관점 이동을 감지할 수 있었다. 물론 잘 쓴다는 의미는 글 쓰는 이의 입장에서의 관점이고 좋은 시조의 의미 규정은 독자적 입장이다. 나아가 잘 쓴 시조는 표현의 입장이고 좋은 시조는 의미의 입장이다. 대체로 입문 초기에는 표현 중심의 글쓰기가 대세이지만 이 초기적 보법이 습관화되어 필생토록 시조 창작의 본질마저도 바꾸지 못하는 사례가 빈번하다. 그러한 현실이고 보면 내용과 메시지 지향의 좋은 시조에 관한 관심은 시 정신의 중심 이동이라는 점에서 기대하게 하는 변화로 받아들여도 좋을 것이다.

그 변화의 첫 번째 관점으로 시조의 원형이자 본령인 단형시조에 대한 집중적이고 다양한 탐구를 들

수가 있다.

두 눈을 부릅뜨고 허공을 헤엄치며

물고기 한 마리가 깨우는 나의 헛꿈

먼 산도 한 생각 깨쳐 저렇게 붉어진다
-「풍경소리, 노을」전문

시조의 3장 6구, 외형률이나 자수율로 검증해 보아도 정격에서 한 치의 변조가 없는 작품이다. 그러나 이 소품 하나가 지닌 무게나 범위, 깊이는 결코 예사롭지가 않다. 우선, 이 시편에 나타나는 공간은 서녘 하늘이 붉게 물든 저녁노을 아래 있는 어느 절간의 풍경소리를 들으면서 자신을 돌아보는 시간을 맞고 있는 자연이다. "두 눈을 부릅뜨고 허공을 헤엄치"는 물고기가 들려주는 풍경소리를 듣다가 문득 "나의 헛꿈"을 돌아본다. 아마도 잠을 자면서도 눈을 감지 않는다고 해서 "깨어있음"의 상징물로 받아들이고 있는 물고기의 청아한 소리를 듣다가 왠지

모를 존재의 실상과 생명체로서 지향하는 욕망과의 괴리감을 짐작하였음이리라.

그렇게 생각을 고정하고 바라보니, 마치 "먼 산도 한 생각 깨쳐 저렇게 붉어진다"라는 동질감에 안겨들게 된다. 이 작품의 전개 과정을 보면 물고기는 자신의 헛꿈을 깨우는 자각의 기능을 하고 먼 산도 한 생각을 깨쳐 자신과 가치상의 동질을 발견한다. 혼자만의 생각으로 바라보는 세상살이에 대한 불안이 함께 해주는 반려를 발견함으로써 매 순간을 넘어가는 심상이 곱고 섬세하다. 특히 제목이 보인 풍경소리의 청각적 요소와 노을이라는 시각적 요소를 아우른 듯 분리한 기법도 참신해 보인다.

그녀의 독서법은 특별한 데가 있다

문장과 행간들을 뜨겁게 완독한 후

비로소 한 권의 책을 땅바닥에 던진다
-「동백 아래서」 전문

세상의 모든 존재는 제각기 자신이 감당할 만큼의 쓰임을 지니고 있다. 고봉 준령의 바위로부터 수천만 조각으로 부서진 모래알에 이르기까지 때와 장소에 걸맞은 역할이 있기 마련이다. 존재의 위의에 대한 이 같은 이해를 바탕으로 보면 자연의 섭리에 의한 시간의 변화 또한 예사로운 것이 아니다. 같은 빗물이 떨어져도 산에 떨어지느냐 아니면 들판에 떨어지느냐에 따라 그 쓰임과 변용이 달리 적용되기 마련이다. 시인이 장착한 지혜의 시각이라면 이 같은 관찰법은 기본에 속한다.

 초장에서 "그녀의 독서법에는 특별한 데가 있다"라고 밝힌 것처럼 그런 시인의 눈에 포착된 동백꽃에서 현재를 읽어가는 특이한 독서법이 발견한다. 일반적인 꽃의 역할은 수정을 도와줄 벌, 나비를 유혹하여 씨앗을 맺은 후 유혹에 사용하였던 꽃잎들을 하나둘 버리는 수순을 밟는다. 그에 비하면 동백은 처음부터 강렬한 붉은 색으로 시작하여 "문장과 행간들을 뜨겁게 완독한" 섭리의 극점에서 마치 해탈게解脫偈를 남기듯 존재의 소임을 마치게 된다. 종장의 표현처럼 "한 권의 책을 땅바닥에 던"져버리는 것이다. 마치 한 토막의 선문답을 나눈 것처럼 가슴을 저릿하게 후벼 드는 여운을 확보한 가작이다.

이와 대등한 분류를 보이는 작품으로 「낙관하다」가 있는데 사물의 외형만을 의미의 중심에 두지 않고 존재의 본질에 다가서고자 자신의 내면을 확장하는 수단으로 활용한다는 점에서 앞으로 김희동의 시조가 주목되는 부분이다. "물 위에 떨어지는 낙엽의 붉은 낙관// 저마다 혼신으로 푸르게 살아냈던// 시간의 화선지 위에 마침표를 새긴다"

오목한 밥그릇이 대숲에 걸려있다

누가 또 시린 밤을 허기로 건너는가

고봉밥 내주려는지 냇물 소리 찰지다
—「하현」

'하현'의 사전적 개념은 '매달 음력 22~23일경에 나타나는 달의 모양'이지만 일반적으로 가지는 의미는 '보름을 지나 그믐으로 가는 새벽 시간대'를 포괄

한다. 그 시점은 달의 공간을 가득 채우고 난 소멸의 과정으로 희망보다는 아쉬움이나 결핍감을 되새기게 하는 지점이다. 비록 자연의 섭리에 따른 시각적 단면일 따름이지만 많은 사람이 자신의 처지를 빗대어 의미를 확장하려는 시적 대상이기도 하다.

  그런데 이 작품에서 마주하는 하현은 보다 서사를 적극적으로 확장하여, 한 시대를 반추하는데 원용하고 있다. 초장에서 알 수 있듯이 김희동에게 비친 하현달은 오목하게 비어 있는 채 대숲에 걸린 "밥그릇"으로 다가온다. 하현의 시간은 절대적으로 새벽인 까닭에 누가 왜 그 시간의 주인공으로 역할을 맡은 것일까. 그리고 더하여 중장의 "누가 또 시린 밤을 허기로 건너는" 이는 누굴까. 이 대목에서 조금만 기억을 더듬어보면 굶주림에 시달리고 양성의 벽에 부대낀 우리네 어머니가 거기에 계신다. 새벽마다 장독간에 정화수를 떠 놓고 가족의 안녕을 빌던, 그 고요하고 적막한 시간이 기다리고 있다. 그렇게 간절한 소망을 듣기나 한 듯이 조용한 새벽을 깨우는 찰진 냇물 소리가 들려온다. 어쩌면 "고봉밥 내주려는지" 삼가며 기다려 볼 일이다. 짧은 단시조 양식 안에 깊고 넓고 아득한 사유를 담아 공감대를 끌어내는 솜씨가 돋보인다.

3

김희동의 시편들 가운데 앞 단락에서 본 단시조의 비율이 높고 성취도가 또한 손색이 없지만, 그의 주된 관심은 역사적 현장이 공여하는 판단과 교훈에 따른 미래 읽기를 주목하지 않을 수 없다. 흔히들 '역사는 미래의 거울이다'라는 말로 내일을 열어나갈 지혜를 확보하는 방편으로 지나간 사실이나 기록을 주시하기 마련이다. 한 치 앞을 예측할 수 없는 미래의 인간사도 결국은 지나간 역사적 흔적들에서 판단의 근거를 찾아낼 수밖에 없기 때문이다.

김희동은 현직도 언론사 기자 신분이다. 매일 같이 변화무쌍한 사건과 사고들을 접하면서 삶을 관류하는 가치관을 정립해 왔다고 보인다. 그런 여론과 인식과 가치의 혼류 속에서 한 걸음 물러나서 바라보는 시인의 관점이야말로 미래관을 견인하는 친숙한 백과사전과 무엇이 다르랴.

먼저 이번 시조집의 표제 작품부터 함께 읽어보자.

백일홍 가지마다 초서로 앉힌 서사
행간에 숨겨놓은 위태로운 꽃의 안부
화르르 불에 덴 듯이 붉었다가 툭 진다

남매의 이야기는 솔숲에 깃들었나
환하게 열린 햇살 슬픔조차 다정하다
바람이 꾹꾹 눌러쓴 정한 맺힌 필담들

꽃 같은 스물일곱 슬픔의 속앓이를
이제사 피우는지 겹겹이 붉은 꽃잎
누이여, 이번 생애는 또 아프지 말기를
―「허난설헌에 기대어」 전문

 허난설헌(許蘭雪軒, 1563~1589)은 조선조 중기의 시인이자 화가로 본명은 허초희許楚姬이며 난설헌蘭雪軒은 호이다. 『홍길동전』의 저자 허균의 누나이자 한국 문학사에서 최초로 문집을 간행한 여성 시인으로 그는 시와 그림에서 빼어난 재능을 가졌으나 당시 남존여비 사상의 한가운데서 재능을 발휘하지 못하고 27세의 아까운 나이로 한 많은 생을 마감한 비운의 천재였다. 여덟 살 어린 나이에「광한전백옥루상량문」이라는 작품으로 써서 문인들 사이에서 화제가 되기도 하였으나 결혼이라는 전통적 관습의 굴레와 남편과의 불화, 자식들의 연이은 죽음이 한 많은 그에게 삶의 의욕마저 저버리는 결과를 낳고 말았다. 비록 짧은 생애였음에도 그가 끼친 예술적 기량과 가치, 양성평등에의 실천 의지는 훗날 민족 예술의 정신 자산으로 높이 받들어지고 있다.

김희동이 허난설헌이라는 인물에 매료된 까닭 또한 바로 허난설헌에게 불가항력으로 다가왔던 사회 구조적 모순과 한계에 대한 도전에 감화를 받은 까닭이다. 그리하여 시간과 공간을 초월한 어느 한 경계에서 동생 허균의 처지에서 누이를, 누이의 조선 문학사를 돌아보고 있다.

첫수를 보면 마치 허난설헌의 생가인 초당동 고택쯤의 공간을 설정하여 "화르르 불에 덴 듯이 붉었다가 툭" 져버린 허난설헌의 일생을 새생해 낸다. 그리고는 오빠들과 특히 동생 허균과 함께한 유년의 기억을 환기하면서 어쩌지 못한 숙명적 "슬픔조차 다정하"게 느껴지는 시간을 더듬어 낸다. 하지만 어쩌랴, 여성의 몸으로 저 난공불락의 남성 우월주의를 어떻게 이겨낼 것인가. 생각하면 생각할수록 아파져 오는 "꽃 같은 스물일곱 슬픔의 속앓이를" 어찌 짐작한다고 단언할 수 있으랴. 그즈음 못다 피운 붉은 백일홍을 "이제사 피우는지" 못내 그 붉음의 채도를 누그러뜨리지 않고 있다. 가만히 다가가서 "누이여, 이번 생에는 또 아프지 말기를" 기도할 뿐 동생인들, 혈육인들 더는 어찌하랴.

시조를 구성하고 있는 정서는 이쯤에서 끝이 나지만 이 역사적 인물의 생애에 대해 김희동이 매료되었다는 것은 지극히 자연스러운 선택이다. 그녀 또한 여성이고, 그녀 또한 시를 쓰고 그 또한 언론에 종사하면서 요원한 양성평등에의 한계를 절감해 온 까닭이리라. 어느 글에선가 그는 허난설헌에, 그의 아픈 일생에, 그리고 그를 소재로 쓴 시조에 깊이 빠진 적이 있다고 쓴 적이 있었다. 아마도 자신의 이정표로 적잖이 이바지하지 않았나 싶다.

쇠약한 어깨지만 숨겨둔 가시 있다

반도의 골짝마다 왜 바람 들이쳐도
비틀어 꽉 거머쥔 손 빈 들 안고 일어난다

파리한 줄기마다 순한 꽃 피워 물고
숨죽여 울지 마라 함부로 떨지 마라
이번 생 아쉬울 것 없는 너의 숨결 뜨겁다

횃불을 높이 들고 온밤을 환히 밝혀
쉽사리 꺾지 못할 무명적삼 기워 입고
풀물 든 동쪽 하늘에 새벽별로 떠올라라

 이 작품은 '−동학농민혁명'이라는 부제가 붙은 「찔레의 노래」 전문이다. 인간의 존엄을 궁구하는 이 땅의 많은 시인이 한두 번은 관심을 기울여 본 동학농민운동은 1894년 당시 절대적인 비중을 차지하고 있던 농민들의 자각과 조선 후기 봉건제도의 모순을 개선하기 위한 자구노력의 하나로 조직을 이용하여 시배계승의 변화와 개혁을 겨냥한 농민 중심의 투쟁이었다. 물론 결과는 외세를 끌어들인 조정에 패퇴하고 말았으나 이는 민중들이 자주적인 독립성을 구

축하려 시도한 사회 혁명으로 이후 근대화 정신으로 계승된 역사적 의의를 지녀 급기야 2023년 유네스코 세계기록유산으로 등재되었다.

 김희동 역시 농민의 거룩한 희생에 대한 외경심과 연민을 떨쳐낼 수 없어 마음속으로부터 우러나는 동참의 길에 나선 것이다. 직접적인 체험이나 구체적인 현장에서의 이끌림의 동기에서가 아니라 민족적 당위성이나 후예로서의 필연성만으로도 함께 공감하고 동질화함으로써 그 숭고한 정신을 따르고자 하는 자세라 할 것이다.

 첫수에서는 "반도의 골짝마다 왜 바람 들이쳐도" "빈 들 안고 일어"나는 "쇠약한 어깨지만 숨겨둔 가시 있다"라는 조선의 백성에게도 생명체가 지니는 저항권이 갖추어져 있음에 공감을 보여준다. 둘째 수에서는 "파리한 줄기마다 순한 꽃 피워 물고/ 숨죽여 울"어 온 나약함에서 깨어나 "함부로 떨지" 말고 당당히 주어진 삶을 살아서 "이번 생 아쉬울 것 없는 너의 숨결 뜨겁다"라는 절대적 지지를 보여줌으로써 존재의 의미를 일깨워주고 있다. 그리고 마지막 수에서는 이미 저항의 "횃불을 높이 들고 온밤을 환히 밝혀" 대항의 의지를 드높여보지만, 동족이 동족을 죽이기 위해 외세를 끌어들인 못난 조정에 의해 굴복당하고 말지라도 "풀물 든 동쪽 하늘에 새벽별로 떠"오르는 거룩한 패전의 혼불만은 역사를 밝히지 않았느냐는 경의를 올리면서 마치고 있다. 상상력과 당위성만으로 교훈적인 사건 앞에 서면 대체로 논리적이기 쉬운데 섬세한 감성으로 이를 잘 극복하고 있다.

아가야 가을하늘 저리도 푸르른데

신발을 잃어버려 돌아오지 못한 거니

괜찮아 어서 돌아와 엄마 등에 업히렴
*이태원 참사
―「시월 어느 날」 전문

이 작품의 소재 또한 인재人災에 의한 국민적 충격을 불러온 참화를 외면할 수 없는 유감에서 비롯되고 있다. 주를 통해 밝힌 것처럼 〈이태원 참사〉는

2022년 10월 29일 서울시 용산구 이태원동 세계음식 거리의 좁은 골목에서 일어난 사건이다. 핼러윈 축제로 지나치게 많은 인파가 한꺼번에 몰린 와중에 발생한 압사 사고로 159명이 사망하고 195명이 상처를 입은 희대의 참극이었다. 행사의 성격상 수많은 젊은이가 희생되어 안타까움을 가중했는데, 같은 젊은이를 둔 어미의 심정으로 이 사건을 관조한 심경이 잘 나타나 있다.

아무런 예고도 없이 집에 돌아오지 못하는 아이에게 "신발을 잃어버려 돌아오지 못한 거니"라며 이별을 받아들이지 못하고 애끓는 기다림을 이어가는 어미의 독백은 가슴을 저미게 한다. 언제든지 돌아오기만 하면 그 기다림이 아무리 오래더라도 "괜찮아서 돌아와 엄마 등에 업히렴"하고 반겨줄 텐데 아픔도, 슬픔도 차단된 죄인의 심정으로 살아가는 희생자들 어머니의 심정을 대변해 놓고 있다. 그러나 무슨 다른 말을 덧붙여 위로되겠는가. 그야말로 마음의 조문일 뿐이다.

4

시를 쓰는 목적이나 기대치는 사람에 따라 천차만별하다 그러나 그 다양한 표현과 소재와 가치의 탐구 가운데서도 분명한 하나의 공통 조건은 형이상학을 통한 자아의 구현이다. 말하자면 자신의 참모습을 구현하여 더 이상적인 위치에 이르고자 하는 정신노동이다. 그 이상의 지위에 이르기 위하여 과거를 톺아본다거나 비판적 시각을 확장하며 자신의 실상을 사실대로 계측하려 갖은 노력을 기울인다. 논리적 진단만이 아니라 실제적 처방으로서의 방편을 찾음으로써 시대의 미의식과 조우를 이룬다.

김희동이 선택한 자아 확장의 조치들은 과연 어떤 가치 앞에 적극적인지, 그리고 그가 취한 조치들이 자신의 문학을 얼마나 미학적으로 담보하고 있는지 알아보자.

> 외로움 밀쳐두고 마루 끝 나앉았다
> 허기진 붓끝으로 우뚝 세운 소 한 마리
> 언 땅을 박차고 일어나 짊어지는 백두대간
>
> 아이들 뛰어놀던 고샅길 저 너머로

까르르 웃음소리 환청으로 들려온다
적막한 초가집 마당 달무리만 지키는 밤

붓을 놓은 손마디엔 그리움 박혀 들어
서귀포 깊은 밤엔 배 한 척 오지 않고
사내의 충혈 된 눈이 흰 파도를 부순다
-「백우도白牛圖」전문

 이 작품은 비운의 화가 이중섭의 그림「흰 소」를 배경으로 하고 있다. 이중섭(1916-1956)은 1936년 도일하여 자유로운 학풍의 문화학원에서 수학하였으며 김환기, 문학수, 유영국 등이 주축인 재야 전위 미술 단체〈자유미술가협회〉를 중심으로 활동하였다. 평소 소를 좋아했던 이중섭은 가끔 우직하고 성실한 소로부터 우리 민족성을 읽어 그림으로 옮겼다. 특히 일반적이던 황우를 그리지 않고 흰 소를 그려 백의민족을 상징했다는 해석을 끌어내기도 하였다. 그의 흰 소 그림은 대략 5점 정도가 남아 있는데 그림을 그린 시기가 6.25 전쟁을 겪은 직후여서 근육이 사라지고 뼈가 두드러진 모습이어서 더욱 우리

민족이 겪은 전쟁의 아픔이 처연히 남아 있는 모습이다.

이 작품에서는 감상자의 한 사람으로 단순히 「백우도」를 감상하는 것이 아니고 이 그림을 그린 이중섭의 발심發心부터 따라가서 그 소와 함께한 이 땅의 서러운 환경, 나아가 홀로 외로움을 극복해가는 정신적 승리에 손을 얹고 있다. 첫수는 "외로움 밀쳐두고 마루 끝 나앉"아 "허기진 붓끝으로 우뚝 세운 소 한 마리"를 그리는 과정을 쫓아가 마치 "언 땅을 박차고 일어나" "백두대간"을 "짊어"진 흰 소를 보면서 흰 소로 치환된 이중섭의 한 맺힌 뚝심과 백성의 은근과 끈기를 우러른다. 둘째 수에서는 "적막한 초가집 마당 달무리만 지키"고 "까르르 웃음소리 환청으로 들려"오는 가난도 모자라서 주권마저 강탈당한 시대적 아픔을 어루만지고 마지막 수에서는 "붓을 놓은 손마디엔 그리움 박혀들어"도 "서귀포 깊은 밤엔 배 한 척 오지 않고" 술로 날을 세운 "사내의 충혈 된 눈이 흰 파도를 부"수는 도전과 극기克己의 안타까운 용기로 마무리하고 있다. 한 작품 안에서 여러 시점의 가치를 형상화하느라 메시지가 흩어지는 면이 없지 않으나 한 시대를 대표한 예술가의 고독과 극복 의지에 보내는 소극적 헌사라 하겠다.

> 오래된 골목길은 한 그루 고목이다
> 한적한 가지마다 집들을 매어단 채
> 등 굽은 비탈길 위로 쓸쓸하게 저문다
>
> 바람이 불 때마다 덜컹대는 처마 끝
> 빼꼼히 열린 대문 기척을 살피는데
> 마당을 달려 나오는 밭은기침 낯익다
>
> 아무도 찾지 않는 독거의 늙은 나무
> 옹이 진 조가지에 가만히 앉노라면
> 시간의 나이테 너머 새 한 마리 날아간다
> -「골목길」 전문

외형상으로 보면 이 작품에서 뚜렷한 독자성이나 완성도 면에서 돌올한 부분을 찾기가 어렵다. 하지만 "오래된 골목길은 한 그루 고목이다"라는 첫수 초장 하나로 이미 환한 은유를 지녔다. '골목길'은 후

기산업사회를 사는 오늘날 우리네 삶의 자화상이다. 주거 공산과 땅이 넓어 골목이 필요 없던 농경사회의 쇠락과 함께 재편된 도심의 거처는 그야말로 거대한 나무 위에 지은 새집을 방불케 한다. 매일 같이 출퇴근하면서 지나치는 골목길이지만 관찰하고 사색하여 삶의 현재 답안지를 점검해 보는 시각이 이기심의 맹목적 경쟁을 겨냥하고 있는 작품이다.

"한 그루 고목"으로 치환한 골목길에는 "한적한 가지마다 집들을 매어단 채" 막연한 꿈이나 필사본 청사진만으로 개선이 불가한 미래가 "쓸쓸하게 저"물어 밤을 맞는다. 그런 열악한 환경임에도 "바람이 불 때마다 덜컹대는 처마 끝"에 "마당을 달려 나오는 밭은기침"은 얼마나 "낯 익"은 우리들의 그림일기인가. 그럼에도 세월은 속절없이 흐르고 "아무도 찾지 않는 독거의 늙은 나무"에는 "옹이"만 늘어가고 "시간의 나이테 너머 새 한 마리 날아"가는 오늘의 모습을 읽어냄으로써 내일에 대한 불안함을 나래 짓이 상징하는 희망과의 타협을 시도하였다. 얼마나 시조를 오래 쓰고 또 오랜 퇴고를 거듭한 연륜이었나를 짐작할 수 있는 구성력이다.

직립의 시간들이 그림자 길게 끌며
골목 끝 비스듬히 기우는 풍경화 속
어스름 저 발묵潑墨의 강도 저녁으로 건너간다

고단한 하루 일과 주머니 속에 넣고
저마다 따뜻하게 귀가를 서두른다
총총총 징검다리로 반짝이는 가로등

누구든 제 몸속에 간직한 한 채의 집
연어가 회귀하듯 그곳에 돌아간다
줄 장미 붉은 꽃향기 지친 어깨 토닥이는
―「집으로 가는 길」 전문

  지상에 발 딛고 사는 우리는 누구나 집에서 나와 사회활동을 하기 마련이고 밤이 면 집으로 돌아간다. 더러는 버스나 지하철을 이용하기도 하고 더러는 자동차로, 또 더러는 걸어서 집으로 가기도 한다. 그러나 이 단순하고 반복적인 귀가가 무슨 의미로 삶의 비중 큰 기록으로 자리매김하는 것일까. 이

물음으로부터 이 시편은 시작된다. 하지만 그 생각의 저변에는 단순한 쉼터이거나 보금자리로만 연결되지 못함에도 '집으로 가는 길'을 외면하지 못하는 이유를 묻지는 않는다.

도입부의 "직립의 시간들이 그림자 길게 끌며"로 시작하는 초장부터 이 작품의 동기가 지극히 보편적인 가치를 노래로 풀어낸 결과물이 아님을 암시한다. 왜냐하면 '시간'에 대한 해석은 둥근 원을 중심으로 연속된다고 믿어온 동양과 한 지점에서 앞으로만 나아간다고 믿어온 서양의 인식이 다르기 때문이다. 따라서 직선을 기준으로 표기된 '직립'의 배경에는 해를 중심으로 문명을 발전시켜 온 서양적 인식이 깔려 있다. 따라서 도심의 빌딩, 직선의 도로, 경직된 사회구조 등이 함의되어 있다. 그런데도 "그림자 길게 끄는" 자연의 시간과 만나서 골목을 지나 "발묵潑墨의 강도 저녁으로 건너"가는 우주 질서와 보조를 맞춘다.

비록 "고단한 하루 일과"의 연속이지만 "징검다리로 반짝이는 가로등" 골목을 지나 "제 몸속에 간직한 한 채의 집"으로 "연어가 회귀하듯 그곳에 돌아"

가는 까닭은 "줄 장미 붉은 꽃향기"가 "지친 어깨 토닥"여 주기 때문이다. 아니 토닥여 줄 것이라고 믿기 때문이다. 거기가 지나간 시간의 기억을 지우고 새로운 미래의 행복을 재장착하는 집이기 때문이다. 소시민적 일상을 점검하고 자신의 현주소를 재확인하여 새로운 의미를 부여하는 작품이라 하겠다.

5

 많은 사람이 자기 생각이나 감정을 해소하는 방편의 하나로 시 쓰기를 선택하는 경우가 허다하다. 그리고 그것은 문학이 존재하는 근본 바탕이자 가수요의 공급처이기도 하다. 따라서 이 같은 자기감정 해소가 주된 목적인 작품이라고 해서 작품이 아니라고 단정할 수는 없다. 다만 자기만족 위주의 이 같은 작품은 그 비중과 관계없이 진실의 탐구와 시대 미의식의 진단, 미래지향적 철학의 발견 등과 같은 시문학의 본질적 가치와는 차별화됨이 마땅하다. 그리고 그 작품을 창작하는 시인의 사상과 가치 또한 함께 평가되어야 옳다. 그러나 시가 넘쳐나 홍수처럼 범람하는 오늘날 그렇게 많은 작품의 양산에도 불구하고 시인다운 시인을 찾기란 여간 어려운 일이 아니다.

　김희동의 시조집 『허난설헌에 기대어』를 일별하고 독자의 가독성을 돕기 위한 해설을 덧붙이면서 시인이 갖추어야 할 기본적인 자세를 생각해 보았다. 왜냐하면, 사회가 자신에게 부여한 직업과 연관하여 끊임없이 독자적인 자아 찾기와 대사회적 관계성을 고민하는 작품들이 많았기 때문이다. 거기에는 낯선 것에 대한 호기심보다 익숙한 것에 대한 믿음을 우선한 선택지가 작용하였을 것이다. 새로운 소재에 대한 호기심은 분명 창작의 여러 변수를 촉발해 긍정적인 요인임에 틀림이 없다. 하지만 천년에 이르는 민족시, 시조의 경우, 정형시의 완성된 형식 속에 시대의 미의식과 가치관이라는 내용상의 성취 면에서도 불안이나 불신 요인이 있을 수가 없다. 형식이 아니라 내용적인 완성과 성취도가 문제이기 때문이다.

　김희동이 이번 시조집에서 보여준 현대적으로 담금질한 단시조의 맛과 멋을 살린 품격, 유장한 시간 속의 존재 가치를 확보하고자 탐구해 온 역사 읽기,

급변하는 시대의 조류에 휘둘리지 않고 자아실현에 이르기 위한 자성적 성찰에 이르기까지 사색과 사유는 웅숭깊다. 사물이나 사건을 관찰하되 주관적 논리에 쏠리지 않으려는 흔적이 역력하고 시대정신으로 진단의 앵글을 맞추되 전통적 가치와의 조율을 저버리지 않았다.

결코, 만만찮은 그의 시력에 비추어 그는 과작寡作의 시조인이다. 지나치게 경계하고 자신을 제어해 온 결과로 보인다. 하지만 이번 시조집의 만만찮은 성과를 지렛대 삼아 보다 소재를 확장하고 시류에 합류해도 좋은 시편을 끌어낼 수 있을 것으로 믿어진다. 시조집 상재를 축하하고 새로운 도전에 격려의 박수를 보낸다.